La lombriz
Animales en mi patio
Aaron Carr
AV2 SPANISH
www.openlightbox.com

Paso 1
Ingresa a **www.openlightbox.com**

Paso 2
Ingresa este código único
AVD92343

Paso 3
¡Explora tu eBook interactivo!

Animales en mi patio

La lombriz

Iniciar

Comparte

AV2 es compatible para su uso en cualquier dispositivo.

Tu eBook interactivo trae...

Audio
Escucha todo el libro leído en voz alta

Videos
Mira videoclips informativos

Enlaces web
Obtén más información para investigar

¡Prueba esto!
Realiza actividades y experimentos prácticos

Palabras clave
Estudia el vocabulario y realiza una actividad para combinar las palabras

Cuestionarios
Pon a prueba tus conocimientos

Presentación de imágenes
Mira las imágenes y los subtítulos

Comparte
Comparte títulos dentro de tu Sistema de Gestión de Aprendizaje (LMS) o Sistema de Circulación de Bibliotecas

Citas
Crea referencias bibliográficas siguiendo los estilos de APA, CMOS y MLA

Este título está incluido en nuestra suscripción digital de Lightbox

Suscripción en español de K–5 por 1 año
ISBN 978-1-5105-5935-6

Accede a cientos de títulos de AV2 con nuestra suscripción digital.
Regístrate para una prueba GRATUITA en **www.openlightbox.com/trial**

Se garantiza que los componentes digitales de este libro estarán activos por 5 años.

La lombriz

Animales en mi patio

CONTENIDOS

Esta es la lombriz.

Es larga, redonda y blanda.

Partes de una lombriz

Extremo de la cola

Segmento

Extremo de la cabeza

Boca

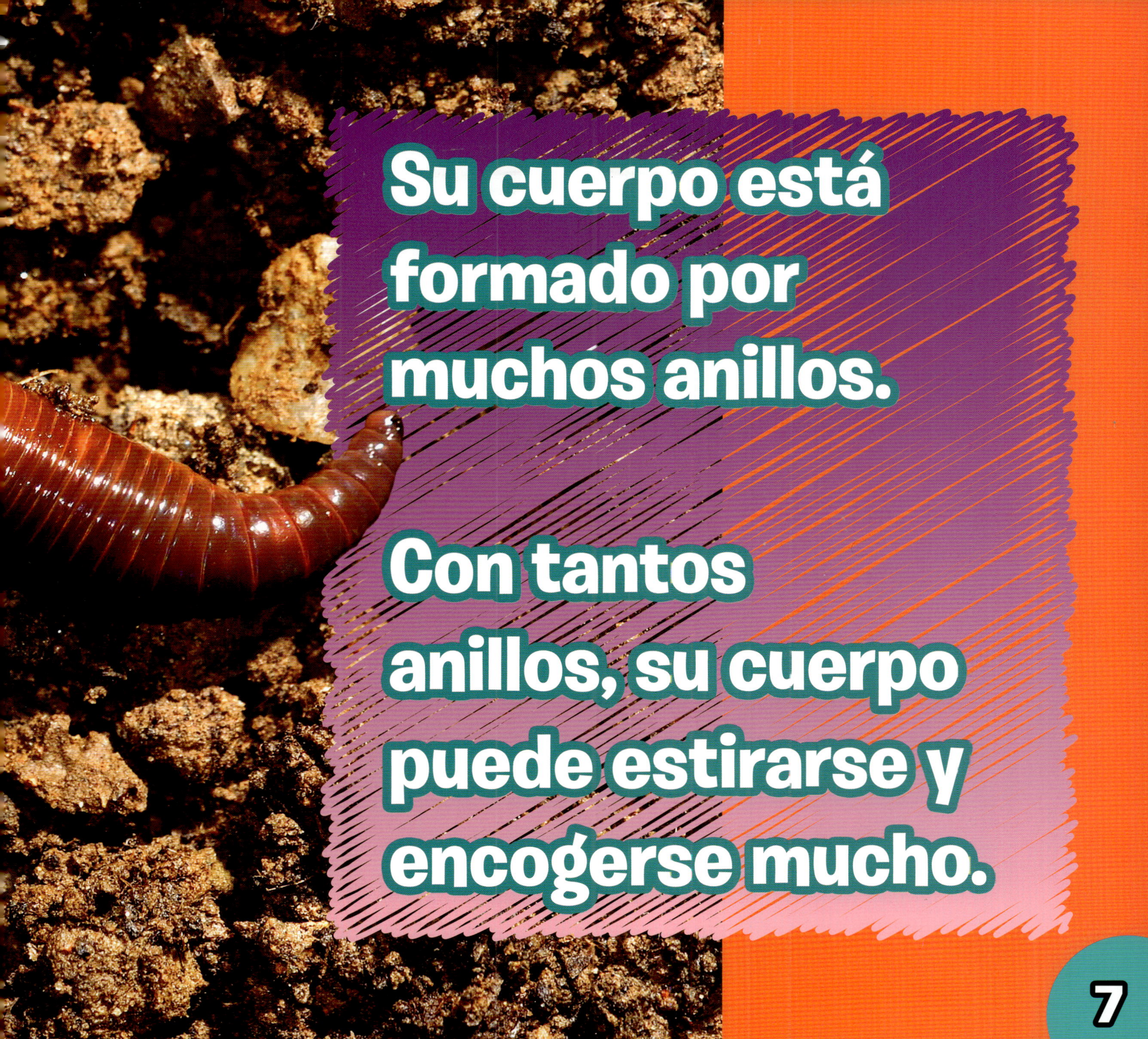

Su cuerpo está formado por muchos anillos.

Con tantos anillos, su cuerpo puede estirarse y encogerse mucho.

Cada anillo del cuerpo está cubierto por muchos pelitos.

Con todos esos pelitos,
puede reptar
por la tierra.

Cava túneles en la tierra.

Los túneles en la tierra ayudan a que crezcan las plantas.

Sale de la tierra cuando llueve.

Cuando llueve,
sus túneles se llenan de agua.

Come la tierra a medida que cava.

A medida que cava la tierra, va encontrando el alimento que necesita.

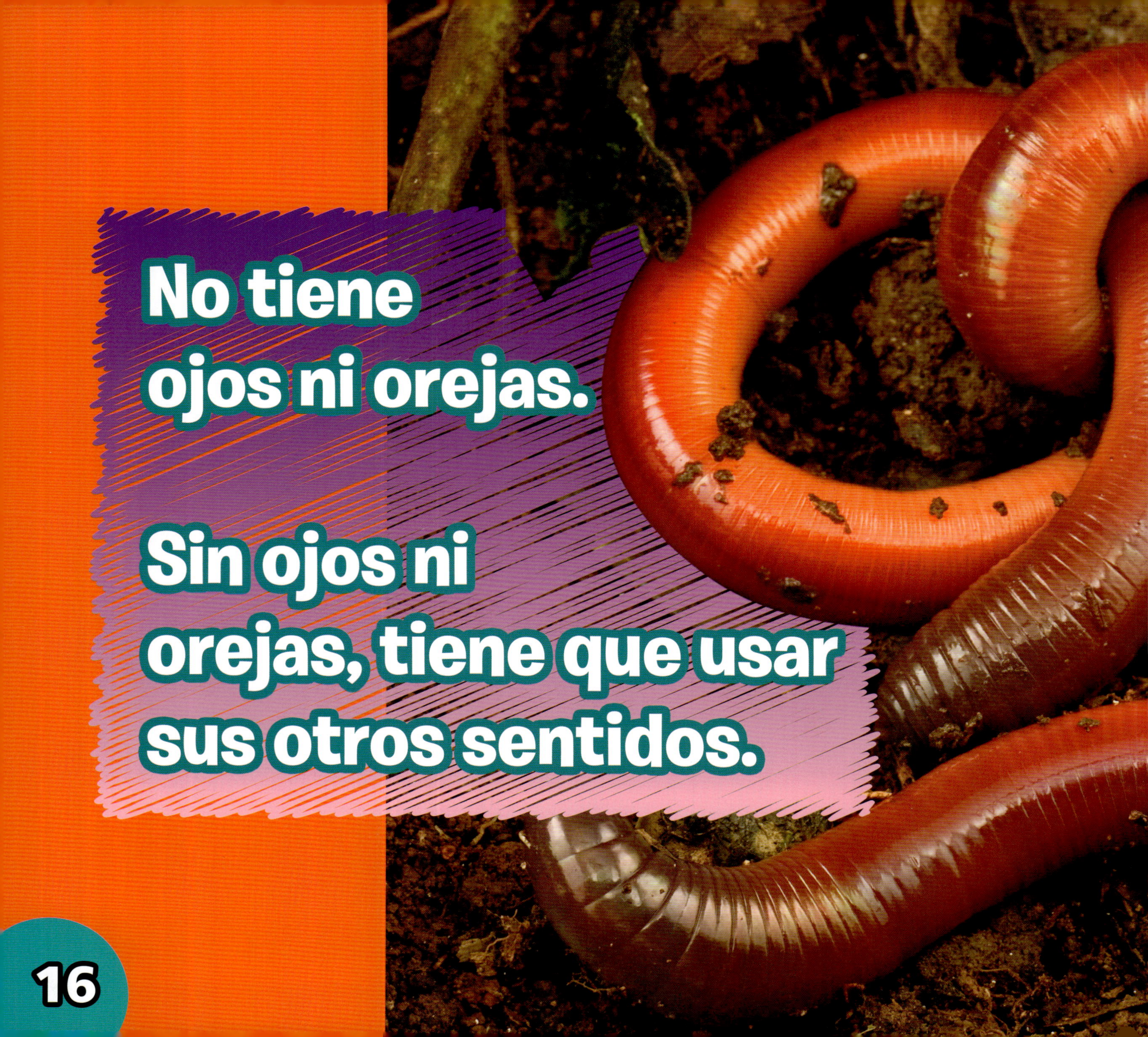

No tiene
ojos ni orejas.

Sin ojos ni
orejas, tiene que usar
sus otros sentidos.

Si se lastima, muchas veces se cura sola.

Si se lastima una parte del cuerpo, le puede volver a crecer.

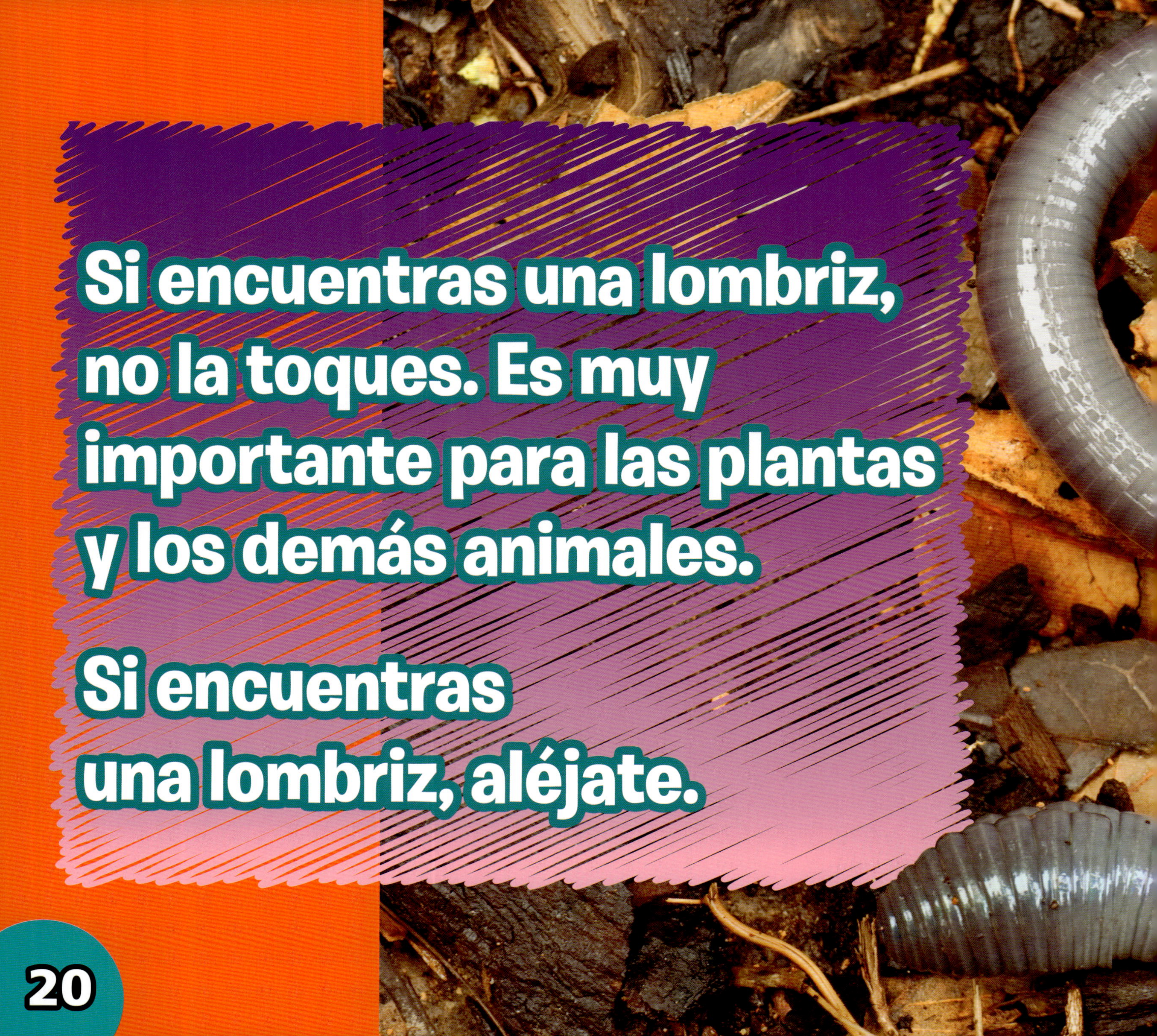

Si encuentras una lombriz, no la toques. Es muy importante para las plantas y los demás animales.

Si encuentras una lombriz, aléjate.

Datos sobre las lombrices

Estas páginas ofrecen información detallada sobre los interesantes datos de este libro. Están dirigidas a los adultos, como soporte, para que ayuden a los jóvenes lectores a redondear sus conocimientos sobre cada animal presentado en la serie *Animales en mi patio*.

Páginas 4–5

Las lombrices son animales largos y redondos. La lombriz es un tipo de animal pequeño de cuerpo blando que vive en la tierra. Son invertebrados, es decir, no tienen esqueleto. Existen más de 7 000 especies de lombrices. Son originarias de Europa, pero ahora se las puede encontrar en América del Norte y el oeste asiático.

Páginas 6–7

El cuerpo de la lombriz está formado por anillos. La lombriz es un tipo de anélido, o gusano segmentado. El cuerpo de estos gusanos está formado por muchos segmentos anulares llamados anillos. Las lombrices más grandes pueden llegar a tener 150 segmentos. Generalmente, las lombrices miden unas 3 pulgadas (8 centímetros) de largo, aunque algunas lombrices australianas pueden llegar a medir más de 11 pies (3 metros) de largo.

Páginas 8–9

Tienen pelitos que las ayudan a moverse. Cada segmento de la lombriz tiene unos pelitos llamados setas. La lombriz usa estos pelitos para moverse y excavar la tierra. Primero, la lombriz estira todo el cuerpo y luego usa las setas para agarrarse a la tierra. De este modo, se impulsa hacia adelante.

Páginas 10–11

Las lombrices cavan túneles en la tierra. Durante el día, las lombrices cavan la tierra haciendo túneles debajo del suelo. Generalmente, se quedan cerca de la superficie, pero pueden cavar hasta una profundidad de 6,5 pies (2 m). Tienen un rol muy importante en el ecosistema. Los túneles de las lombrices permiten que pase el aire y el agua a través de la tierra. Estas sustancias alimentan a las plantas y ayudan a mantener la vida del suelo.

Páginas 12–13

Las lombrices salen de la tierra por la noche. Por eso, a veces se las llama lombrices nocturnas. Cuando están sobre la tierra, las lombrices buscan comida. También abandonan sus túneles cuando llueve mucho. La lluvia inunda los túneles y las obliga a salir a la superficie. En Asia, hay un tipo de lombriz famoso por trepar árboles para escapar de la lluvia.

Páginas 14–15

Las lombrices comen animales en descomposición y materia vegetal que encuentran en el suelo. A medida que excavan la tierra, la van comiendo. La tierra pasa por todo su cuerpo mientras la digiere. Por el otro extremo del cuerpo liberan el excremento y así pueden continuar excavando. Los científicos creen que las lombrices pueden ingerir su propio peso en tierra y comida todos los días.

Páginas 16–17

Las lombrices no tienen ojos ni orejas. Dependen de sus otros sentidos para moverse y encontrar su comida. En lugar de ojos, las lombrices tienen puntos sensibles a la luz en diferentes partes del cuerpo. Para compensar la ausencia de la vista y el oído, las lombrices tienen un sentido del tacto muy desarrollado. También dependen de su olfato y gusto.

Páginas 18–19

Generalmente, las lombrices pueden curar sus heridas solas. A diferencia de la mayoría de los animales, las lombrices pueden regenerar, o hacer que le vuelvan a crecer, las partes del cuerpo. Dependiendo de la especie, las lombrices pueden regenerar los segmentos del cuerpo perdidos. A la mayoría de las especies les vuelve a crecer el extremo de la cola, pero la creencia de que si se corta una lombriz por la mitad se obtienen dos lombrices, es falsa.

Páginas 20–21

Puedes encontrar lombrices en tu patio. Se pueden encontrar lombrices en casi cualquier tipo de suelo que tenga la suficiente materia orgánica para soportar su dieta. Esto significa que se las puede encontrar en la mayoría de los patios, jardines escolares y otros lugares públicos.

Published by Lightbox Learning Inc.
276 5th Avenue, Suite 704 #917
New York, NY 10001
Website: www.openlightbox.com

Library of Congress Control Number: 2024947236

ISBN 979-8-8745-1381-8 (hardcover)
ISBN 979-8-8745-1382-5 (static multi-user eBook)
ISBN 979-8-8745-1384-9 (interactive multi-user eBook)

102024
101724

Printed in Guangzhou, China
1 2 3 4 5 6 7 8 9 0 29 28 27 26 25

Designer: Jean Rodriguez
English Project Coordinator: Heather Kissock
Spanish Project Coordinator: Sara Cucini
English/Spanish Translation: Translation Services USA

Every reasonable effort has been made to trace ownership and to obtain permission to reprint copyright material. The publisher would be pleased to have any errors or omissions brought to its attention so that they may be corrected in subsequent printings.

The publisher acknowledges Getty Images, Alamy, Minden Pictures, Shutterstock, and Dreamstime as the primary image suppliers for this title.